ISS DICH GESUND

JOSEPH PRINCE

ISS DICH GESUND

EIN PRAKTISCHER LEITFADEN FÜR DAS ABENDMAHL

AUS DEM ENGLISCHEN VON
THILO NIEPEL

Grace today
VERLAG

Die englische Originalausgabe erschien im Verlag 22 Media Pte. Ltd. unter dem Titel *Eating Your Way to Wholeness: A Practical Guide to the Holy Communion*. Copyright © 2019 by Joseph Prince. Published by arrangement with 22 Media Pte. Ltd., www.josephprince.com.

Die Deutsche Nationalbibliothek verzeichnet diese Publikation in der Deutschen Nationalbibliografie; detaillierte bibliografische Daten sind im Internet über https://portal.dnb.de abrufbar.

Gestaltung: © 22 Media Pte. Ltd.
Corporate Design & Satz: Gabriel Walther – www.gabrielwalther.com
Lektorat: Sonja Yeo, Gabriele Kohlmann
Druck: CPI – Clausen & Bosse, Birkstr. 10, 25917 Leck
Printed in Germany

2. Auflage 2025

© 2020 Grace today Verlag, 63679 Schotten, Deutschland, mail@gracetoday.de
Taschenbuch: ISBN 978-3-95933-135-7, Bestellnummer 372135
E-Book: ISBN 978-3-95933-136-4, Bestellnummer 372136

www.gracetoday.de

EINLEITUNG

Während du dieses Buch liest, wünschst du dir von Gott vielleicht Heilung in einem bestimmten Bereich oder einfach mehr körperliches, geistiges und emotionales Wohlbefinden. Nun, ich möchte, dass du Folgendes weißt: Es ist Gottes Herzenswunsch, dass du göttliche Gesundheit und Heilung genießt – in jedem Bereich deines Lebens. Die Bibel zeigt uns dies so klar und schön in 3. Johannes 1,2:

Mein Lieber, ich wünsche dir in allen Dingen Wohlergehen und Gesundheit, so wie es deiner Seele wohlgeht!

Ich glaube, du wirst in diesem Buch entdecken, dass das Abendmahl (auch bekannt als das Mahl des Herrn) Gottes übernatürlicher Kanal ist, um deinen Körper, Geist und dein ganzes Leben mit Heilung und Gesundheit zu versorgen. Und du wirst lernen, so sehr in Jesu *Schalom*-Frieden zu leben wie nie zuvor!

Wie viele andere Gläubige hast auch du vielleicht schon vom Abendmahl gehört, aber weißt möglicherweise nicht, was die Bibel wirklich über das Mahl des Herrn lehrt. Vielleicht hast du einige Fragen zur Teilnahme am Abendmahl.

Es liegt mir am Herzen, auf den Seiten dieses Buches einige dieser Fragen zu beantworten. Ich habe mich kurz gefasst, damit du dich beim Feiern des Abendmahls an diesem praktischen Leitfaden orientieren kannst, der dich darin bestärken wird, Gottes Wunsch nach Heilung und Gesundheit für dich und deine Lieben zu erkennen.

Ich bete, dass du durch das Abendmahl das liebevolle Herz unseres Vaters erkennst! Und mögest du auch entdecken, welche Kraft es mit sich bringt, wenn du die Segnungen des vollbrachten Werkes Jesu durch dieses Bundesmahl empfängst.

In steter Gnade

INHALT

Das Abendmahl

GOTTES VERSORGUNGSSYSTEM FÜR DEINE HEILUNG UND GESUNDHEIT

**Das Abendmahl
ist Gottes
Versorgungssystem,
durch das
jeder Segen und
alle guten Dinge,
die Christus
für uns am Kreuz
errungen hat,
in unserem Leben
freigesetzt werden.**

Als sie nun aßen, nahm Jesus das Brot und sprach den Segen, brach es, gab es den Jüngern und sprach: Nehmt, esst! Das ist mein Leib. Und er nahm den Kelch und dankte, gab ihnen denselben und sprach: Trinkt alle daraus! Denn das ist mein Blut, das des neuen Bundes, das für viele vergossen wird zur Vergebung der Sünden.

MATTHÄUS 26,26–28

Das Abendmahl (auch bekannt als das Mahl des Herrn) ist Gottes Versorgungssystem, durch das jeder Segen und alle guten Dinge, die Christus für uns am Kreuz errungen hat, in unserem Leben freigesetzt werden. Es ist eine Zeit, in der Jesus uns beschenkt, eine Zeit, in der wir von ihm **empfangen** und die Liebe des Herrn zu uns genießen, weil wir uns sein vollbrachtes Werk bewusst machen.

Wenn du das Brot in die Hand nimmst, halten deine Finger den größten Ausdruck der Liebe des Herrn zu dir. Diese Liebe veranlasste ihn dazu, seinen Körper schlagen, verletzen und zerbrechen zu lassen, damit deiner heil sein kann. Während des Abendmahls das Brot zu essen bedeutet, deinen

Glauben freizusetzen, um im Austausch für deine Krankheit und dein Leiden seine Heilung und Gesundheit entgegenzunehmen.

Ähnlich verhält es sich, wenn du aus dem Kelch trinkst: Du erinnerst dich daran, dass das Blut des sündlosen Sohnes Gottes vergossen wurde, damit dir jedes Versagen, jede Schuld und jede Sünde vergeben werden kann und du in Gottes Augen für immer gerecht und makellos gemacht bist (siehe 2Kor 5,21). Aus dem Kelch zu trinken bedeutet, zu wissen, dass du vor dem Vater vollkommen dastehst und dass seine Ohren jedes einzelne deiner Gebete hören (siehe Ps 34,16).

Iss und trink

UND VERKÜNDE DAS VOLLBRACHTE WERK JESU

Das Abendmahl ist eine Zeit, um *jeden* Segen zu empfangen, den Jesus dir durch seinen Tod geschenkt hat – einschließlich Heilung, geistiger und körperlicher Gesundheit und Versorgung für alles, was dir fehlt.

Denn ich habe von dem Herrn empfangen, was ich auch euch überliefert habe, nämlich dass der Herr Jesus in der Nacht, als er verraten wurde, Brot nahm, und dankte, es brach und sprach: Nehmt, esst! Das ist mein Leib, der für euch gebrochen wird; dies tut zu meinem Gedächtnis! Desgleichen auch den Kelch, nach dem Mahl, indem er sprach: Dieser Kelch ist der neue Bund in meinem Blut; dies tut, sooft ihr ihn trinkt, zu meinem Gedächtnis! Denn sooft ihr dieses Brot esst und diesen Kelch trinkt, verkündigt ihr den Tod des Herrn, bis er kommt.

1. KORINTHER 11,23–26

Der Apostel Paulus sagt uns, dass wir beim Abendmahl »den Tod des Herrn [verkünden], bis er wiederkommt« (1. Kor 11,26 NLB). Das bedeutet, dass du als Gläubiger **jedes Mal, wenn du das Abendmahl zu dir nimmst, erklärst – dir selbst, den Fürstentümern und allen Mächten –, dass der Tod des Herrn und sein vollbrachtes Werk für dich von Nutzen ist.**

Du erklärst über deinen Körper und deine Umstände, dass dir durch Jesu Tod am Kreuz völlig vergeben **ist** – du versuchst nicht, Vergebung zu *bekommen* –, und dass du auf ewig gerecht, geheilt, gesund, begünstigt und beschützt bist! Du erinnerst dich an alles, was Jesus durch sein vollkommenes vollbrachtes Werk für dich erreicht hat.

Wenn du das Abendmahl nimmst, solltest du dir die Zeit nehmen, den Tod des Herrn und sein vollbrachtes Werk bewusst als etwas zu sehen, das dir **persönlich** gilt – seinen zerbrochenen Körper für deine Heilung und Gesundheit, sein vergossenes Blut für deine völlige Vergebung und richtige Stellung vor Gott. Dann wird das Abendmahl zu einer Zeit, in der du **jeden** Segen empfängst, den Jesus dir durch seinen Tod geschenkt hat, einschließlich Heilung, geistiger und körperlicher Gesundheit und Versorgung für alles, was dir fehlt.

Erkenne, was der Körper des Herrn bedeutet

DAS BROT FÜR DEINE HEILUNG

Beim Abendmahl will Gott, dass du das Brot als den Körper Jesu siehst – bestraft, geschlagen, zerrissen und gebrochen für deine Heilung und Gesundheit. Auf diese Weise erkennst du den Körper des Herrn, wenn du das Abendmahl nimmst.

… der unsere Sünden an seinem Leib selbst an das Holz hinaufgetragen hat, damit wir, den Sünden abgestorben, der Gerechtigkeit leben; durch dessen Striemen ihr geheilt worden seid.

1. PETRUS 2,24 ELB

Jedoch unsere Leiden – er hat sie getragen, und unsere Schmerzen – er hat sie auf sich geladen. Wir aber, wir hielten ihn für bestraft, von Gott geschlagen und niedergebeugt. Doch er war durchbohrt um unserer Vergehen willen, zerschlagen um unserer Sünden willen. Die Strafe lag auf ihm zu unserm Frieden, und durch seine Striemen ist uns Heilung geworden.

JESAJA 53,4–5 ELB

Um Gottes Versorgung mit Gesundheit und Heilung sowie jeden Aspekt seines überfließenden Lebens vollständig in unser Leben aufzunehmen, ist es für uns wichtig zu verstehen, wofür das Brot und der Kelch stehen, und die beiden Elemente richtig zu beurteilen, wenn wir am Abendmahl teilnehmen.

Zuerst musst du verstehen, dass **das Brot für den Körper Christi steht**. Der Apostel Paulus sagt uns in 1. Korinther 11,29–30 (ELB), dass der Grund, weshalb viele schwach und krank sind und zu früh sterben, der sei, dass sie »den Leib des Herrn nicht richtig beurteilen«. Was bedeutet es also, **den Leib bzw. den Körper des Herrn richtig zu beurteilen**? Ganz einfach: Gott will, dass du das Brot beim Abendmahl als den Körper Jesu siehst – bestraft, geschlagen, zerrissen und gebrochen für deine Heilung und Gesundheit.

Das nächste Mal, wenn du das Brot in der Hand hältst, sieh Jesus am Geißelpfahl. Sieh, wie er die Striemen für dich auf sich nimmt. Sieh, wie sein Körper gnadenlos von einem Peitschenhieb nach dem anderen getroffen wird, damit dein Körper von jeder Art von Leiden und Krankheiten befreit werden kann. Sag zu dir selbst: »**Es stimmt**, er hat meine Krankheit getragen und meine Schmerzen auf sich geladen.« So beurteilst du beim Abendmahl den Körper des Herrn auf die richtige Weise. Und wenn du den Körper des Herrn so beurteilst, wirst du stark und gesund sein und lange leben!

Der Kelch
steht für deine
Vergebung

**Wenn du aus dem
Kelch trinkst,
sei dir bewusst,
dass dir völlig
vergeben ist und du
gerecht gemacht
worden bist,
weil der Sohn Gottes
die Strafe für
deine Sünden
bezahlt hat.**

In ihm haben wir die Erlösung durch sein Blut,
die Vergebung der Übertretungen
nach dem Reichtum seiner Gnade.

EPHESER 1,7

Denn gleichwie durch den Ungehorsam
des einen Menschen die Vielen zu Sündern
gemacht worden sind, so werden auch
durch den Gehorsam des Einen
die Vielen zu Gerechten gemacht.

RÖMER 5,19

Denn er hat den, der von keiner Sünde wusste,
für uns zur Sünde gemacht, damit wir in ihm
[zur] Gerechtigkeit Gottes würden.

2. KORINTHER 5,21

Wenn wir beim Abendmahl aus dem Kelch trinken, will Gott, dass wir in vollem Umfang erkennen, wofür der Kelch steht und was das für uns heute bedeutet.

Lieber Freund (damit meine ich natürlich immer auch alle Frauen), **der Kelch steht für das Blut Jesu, das zur Vergebung unserer Sünden vergossen**

wurde (siehe Kol 1,14; Eph 1,7). Jesus selbst sagte: »Denn das ist mein Blut, das des neuen Bundes, das für viele vergossen wird zur Vergebung der Sünden« (Mt 26,28).

Wenn du also aus dem Kelch bzw. Becher trinkst, sei dir bewusst, dass dir völlig vergeben ist und du gerecht gemacht worden bist, weil der Sohn Gottes die Strafe für deine Sünden bezahlt hat.

Nimm das Abendmahl zu dir und freue dich, dass das Blut Jesu dir die richtige Stellung vor Gott geschenkt hat, sodass du immer in seine Gegenwart kommen und für jede Notlage und jedes Bedürfnis seine Gnade und Barmherzigkeit finden kannst (siehe Hebr 4,16)!

Ein häufiges Missverständnis

**Gott will,
dass wir
verstehen,
dass das
Abendmahl
ein Segen ist,
den wir dank
seiner Güte
und Jesu
vollbrachtem Werk
in Empfang
nehmen dürfen.**

Wer also unwürdig das Brot isst oder den Kelch des Herrn trinkt, wird des Leibes und Blutes des Herrn schuldig sein. Der Mensch aber prüfe sich selbst, und so esse er von dem Brot und trinke von dem Kelch. Denn wer isst und trinkt, isst und trinkt sich selbst Gericht, wenn er den Leib des Herrn nicht richtig beurteilt. … Wenn wir uns aber selbst beurteilten, so würden wir nicht gerichtet.

1. KORINTHER 11,27–29.31 ELB

Ich habe schon Lehren gehört, die sich auf Paulus' Worte in 1. Korinther 11,28 beziehen und die besagen, die Gläubigen müssten »sich selbst prüfen«, bevor sie am Abendmahl teilnehmen können, und dass nur die Gläubigen, die der Teilnahme würdig sind, daran teilnehmen dürfen, damit sie nicht das Gericht Gottes auf sich ziehen. Leider hat diese irrige Lehre etwas, was Gott als Segen gedacht hatte, für viele aufrichtige Gläubige in einen Fluch verwandelt.

Was bedeutet es also, sich selbst zu »prüfen«, wenn wir am Mahl des Herrn teilnehmen? Ganz einfach: Wir sollen überprüfen, ob wir verstehen, dass der Körper Jesu für unsere Heilung gebrochen und sein Blut zur Vergebung aller unserer Sünden vergossen wurde. Es bedeutet, dass wir uns im Licht des vollbrachten Werkes Jesu beurteilen sollen. Wir sollen erkennen, dass der Herr uns liebt, dass er uns vergeben und uns qualifiziert hat – und das nicht nur, damit wir am Abendmahl teilnehmen dürfen, sondern auch damit wir jeden Segen und jede Wohltat seines vollbrachten Werks empfangen können.

Wenn wir uns auf diese Weise beurteilen, erklärt Paulus weiter, werden wir nicht den Fluch des Alterns, des Zerfalls, der Krankheit und des Todes erleiden, den Gott aufgrund der Sünde als Gericht auf diese Erde gebracht hat (siehe 1Kor 11,31).

Gott will, dass wir verstehen, dass das Abendmahl ein **Segen** ist, den wir dank seiner Güte und Jesu vollbrachtem Werk **in Empfang nehmen dürfen**. Anstatt also **dich selbst** anzusehen, um zu prüfen, ob du würdig genug bist oder ob es eine Sünde gibt, die du noch nicht bekannt hast, tu etwas anderes: Sieh, wie das Blut **Jesu** es dir ermöglicht hat, heute vor Gott zu stehen – gereinigt von deinen Sünden und bekleidet mit seiner Gerechtigkeit –, um Heilung für deinen Körper und die Versorgung für alle deine Bedürfnisse entgegenzunehmen!

Nimm das Abendmahl zu dir,

SOOFT UND WO IMMER DU KANNST

Nimm das
Abendmahl
so oft wie möglich
zu dir und glaube,
dass du dabei
jedes Mal
mehr von Jesu
göttlicher Gesundheit
in deinen Körper
aufnimmst.

Und sie waren täglich einmütig beieinander im Tempel und brachen das Brot hier und dort in den Häusern, hielten die Mahlzeiten mit Freude und lauterem Herzen.

APOSTELGESCHICHTE 2,46 LUT

Häufig werde ich gefragt: »Wie oft kann ich das Abendmahl nehmen?«

Gottes Wort sagt uns nicht, wie oft wir das Abendmahl zu uns nehmen sollten, aber wenn man die Bibel liest, stellt man fest, dass die frühe Gemeinde in der Apostelgeschichte täglich das Brot brach (damit ist das Abendmahl gemeint), wenn sie sich trafen und von Haus zu Haus gingen (siehe Apg 2,46).

Paulus sagte über die Teilnahme am Abendmahl: »**Denn sooft ihr dieses Brot esst und diesen Kelch trinkt …**« (1Kor 11,26). Das bedeutet, du kannst es so oft nehmen, wie du es für nötig hältst. Und jedes Mal nimmst du dabei einfach immer mehr von Jesu Heilung und Gesundheit in deinen Körper auf!

Wenn du dies liest und schlechte Nachrichten oder eine schlimme Diagnose von deinem Arzt erhalten hast, empfehle ich dir, das Abendmahl so zu nehmen, wie du deine Medizin nimmst. Und im

Gegensatz zu irdischen Medikamenten hat Gottes Weg zur Heilung und Gesundheit keine Nebenwirkungen, sondern nur erstaunliche Vorteile! Nimm das Abendmahl so oft wie möglich zu dir und glaube, dass du dabei jedes Mal mehr von Jesu göttlicher Gesundheit in deinen Körper aufnimmst.

Hier sind weitere Fragen, die mir oft gestellt werden: »Kann ich das Abendmahl auch für mich allein zu Hause nehmen?« und »Brauche ich dafür spezielles Brot und ein besonderes Getränk?«

Lieber Freund, du kannst das Abendmahl überall nehmen – in deiner persönlichen Zeit mit dem Herrn, mit deiner Familie vor oder nach dem Essen oder beim Treffen mit Glaubensgeschwistern! Wichtig ist nur, daran zu denken, dass **das Abendmahl kein Ritual ist, das eingehalten werden muss, sondern ein Segen, der empfangen werden darf**.

Für die Bestandteile des Abendmahls braucht man kein bestimmtes Brot und kein spezielles Getränk. In der Nacht, in der Jesus das Abendmahl einführte, benutzte er das, was an Brot und Getränken zur Verfügung stand und zu jener Zeit üblich war. Auch du kannst jedes verfügbare Brot und Getränk verwenden, die deinem Glauben als Bezugspunkt dienen.

Fangen wir an

ISS UND TRINK DICH GESUND

**Direkt vor
den Augen
unserer Feinde,
mitten in unseren
Krankheitssymptomen,
Schmerzen oder
unserem Mangel
deckt Gott uns
den Tisch –
das Abendmahl.**

Und er nahm das Brot, dankte, brach es, gab es ihnen und sprach: Das ist mein Leib, der für euch gegeben wird; das tut zu meinem Gedächtnis! Desgleichen [nahm er] auch den Kelch nach dem Mahl und sprach: Dieser Kelch ist der neue Bund in meinem Blut, das für euch vergossen wird.

LUKAS 22,19–20

Du deckst mir den Tisch vor den Augen meiner Feinde. Du hast mein Haupt mit Öl gesalbt, übervoll ist mein Becher.

PSALM 23,5 EÜ

In Psalm 23,5 lesen wir, dass Gott uns direkt vor den Augen unserer Feinde, mitten in unseren Krankheitssymptomen, Schmerzen oder unserem Mangel den Tisch (das Abendmahl) deckt. Lasst uns also heute an den Tisch des Herrn kommen und neu seine Heilung, Kraft, Gesundheit und sein Leben in Empfang nehmen!

Bist du bereit, mit mir gemeinsam dieses Bundesmahl zu feiern?

Nimm zuerst das Brot in die Hand und sag:

Danke, Jesus, für deinen zerbrochenen Körper. Danke, dass du am Kreuz meine Symptome und meine Krankheiten auf dich genommen hast, damit ich deine Heilung und Gesundheit bekommen kann. Ich erkläre, dass ich durch deine Striemen, durch die Schläge, die du ertragen hast, durch die Hiebe, die auf deinen Rücken gefallen sind, völlig geheilt bin. Ich glaube und ich empfange heute dein Auferstehungsleben in meinem Körper.

[Iss.]

Nimm als Nächstes den Becher in die Hand und sag:

Danke, Jesus, für dein Blut, das mich weißer als Schnee gewaschen hat. Dein Blut hat mir Vergebung gebracht und mich für immer gerecht gemacht. Und wenn ich den Becher trinke, feiere ich das Erbe der Gerechten, das Schutz, Heilung, Gesundheit und alle deine Segnungen beinhaltet und habe teil daran.
[Trink.]

Halleluja! Da du gerade den Körper und das Blut Jesu zu einem Teil von dir gemacht hast, sei dir bewusst, dass seine Kraft, Heilung, göttliche Gesundheit und sein Leben genau jetzt in deinen Adern fließen. Erkenne seine erstaunliche Liebe zu dir und erwarte, dass seine reichliche Versorgung über jede Mangelerscheinung in deinem Leben triumphiert.

Lieber Freund, nimm dieses kraftvolle Bundesmahl immer wieder zu dir. Je öfter du es nimmst, desto stärker wirst du. Du wirst leben und nicht sterben. Du wirst das lange und überfließende Leben erfahren, das dir in Christus gehört! Amen!

Zeugnisse

ÜBER HEILUNG UND VERSORGUNG DURCH DAS ABENDMAHL

Nimm dieses kraftvolle Bundesmahl immer wieder zu dir. Je öfter du es nimmst, desto stärker wirst du.

Jesus aber sprach zu ihnen: Ich bin das Brot des Lebens. Wer zu mir kommt, den wird nicht hungern, und wer an mich glaubt, den wird niemals dürsten.

JOHANNES 6,35

Ja, ich will dich wieder gesund machen und deine Wunden heilen, spricht der HERR …

JEREMIA 30,17 LUT

Preise den HERRN, meine Seele,
und vergiss nicht alle seine Wohltaten!
Der da vergibt alle deine Sünde,
der da heilt alle deine Krankheiten.

PSALM 103,2–3 ELB

Ich habe viele wertvolle Zeugnisse von Menschen erhalten, die das Abendmahl genommen und den Segen des vollbrachten Werkes erlebt haben. Ich will dich mit einigen dieser Zeugnisse in diesem Buch ermutigen. Während du sie liest, erinnere dich daran, dass Gott weder bevorzugt noch benachteiligt – was er für diese Menschen getan hat, kann er auch für dich tun! Er ist derselbe gestern, heute und für immer (siehe Hebr 13,8) und er bleibt seinem Wort immer treu. Mögest auch du die Güte und reiche Gnade unseres Herrn Jesus erfahren!

Das Abendmahl bewirkt erstaunlich schnelle Genesung

NATALIE | MISSOURI, VEREINIGTE STAATEN

Ich werde selten krank, aber damals begann ich auf einmal, mich unwohl zu fühlen, und mein Zustand verschlechterte sich von Tag zu Tag. Trotzdem machte ich einfach wie gewohnt weiter, denn als alleinerziehende Mutter hatte ich nicht den Luxus, es ruhiger angehen zu lassen. Eines Tages, nachdem ich meinen Sohn zur Schule geschickt hatte und versuchte, mich für die Arbeit fertig zu machen, hatte ich derart starke Schmerzen und Beschwerden, dass ich dachte, ich müsste in die Notaufnahme.

Da ich Sie über das Abendmahl hatte lehren hören, regte mich der Heilige Geist an, meine Freundin anzurufen, damit wir gemeinsam das Abendmahl nehmen und übereinstimmend beten könnten.

Genau das tat ich, und wir beide beteten und feierten das Abendmahl am Telefon – sie hatte Saft und einen Kräcker und ich hatte Saft und ein Stück Brot. Anschließend sprachen wir weiter über den Herrn Jesus und darüber, wie gut er in den letzten vierundzwanzig Jahren zu uns gewesen war.

Während wir uns weiter unterhielten, wurde mir plötzlich klar, dass ich lachte und vollständig geheilt und wiederhergestellt war. Meine Freundin staunte über meine schnelle Genesung!

Danke, Pastor Prince, dass Sie ein wahrer und treuer Lehrer des Wortes Gottes sind.

Schwarze Punkte im Auge nach Abendmahl verschwunden

WALTER | NEW YORK, VEREINIGTE STAATEN

Seit dem 11. März 1977 bin ich wiedergeborener Christ. Seit ich Sie das erste Mal im Fernsehen sah, habe ich Hunger nach Gottes Wort wie nie zuvor.

Jedenfalls war ich eines Tages auf der Arbeit und plötzlich legte sich ein Schleier über mein rechtes Auge und ich sah unzählige schwarze Punkte darin. Nach der Arbeit ging ich zu meinem Augenarzt und er sagte, dass eine Notfalloperation an meinem Auge nötig sei.

Da ich zuvor Ihr Buch über das Abendmahl gelesen hatte, sagte ich meinem Arzt, dass ich warten und mich der Operation nicht unterziehen wolle. Dann nahm ich zwei- bis dreimal täglich das Abendmahl ein. Als ich für eine Kontrolluntersuchung wieder zum Arzt ging, kam ein Spezialist hinzu, um einen Blick auf mein Auge zu werfen, und er fand null schwarze Punkte.

Der Herr Jesus ist so gut. Meine Frau Pam und ich erzählten anderen von meinem Erlebnis und ernteten von den meisten sehr seltsame Blicke. Wir nehmen fast jeden Tag das Abendmahl. Und seit wir vor zweieinhalb Jahren damit anfingen, sind wir nie mehr krank geworden. Gelobt sei der Herr!

Die Fülle der Gnade für akademische Leistungen empfangen

JADEN | FLORIDA, VEREINIGTE STAATEN

Ich bin sehr dankbar für Ihren Dienst! Durch die Gnade Jesu habe ich gelernt, Ruhe anstelle meiner eigenen Bemühungen walten zu lassen, und habe dabei großartige Ergebnisse gesehen.

Als ich mich am College einschrieb, um meinen Abschluss in Tontechnik zu machen, war ich anfangs eingeschüchtert, weil ich schon in meinen Vierzigern und viele Jahre nicht mehr in der Schule gewesen war. Ich dachte, ich würde Schwierigkeiten beim Lernen und Erinnern des Lernstoffs haben.

Ich beschloss, Ihre Lehren anzuwenden und nicht auf meine eigene Kraft zu vertrauen, sondern die Fülle der Gnade zu empfangen und zu glauben, dass ich den Sinn Christi habe. Ich feierte fast jeden Tag vor dem Unterricht das Abendmahl und nahm auf diese Weise Jesu zerbrochenen Körper für mich in Anspruch.

Um es kurz zu machen, ich wurde erst kürzlich Klassenbester mit 3,98 von 4,0 möglichen Notenpunkten. Ich wurde außerdem mit »Lückenlose Teilnahme« sowie von verschiedenen Kursleitern mit vier Sonderpreisen ausgezeichnet.

Es ist so befreiend zu wissen, dass ich im vollbrachten Werk Christi ruhen kann und er mich immer zum Triumph führen wird!

SCHLUSSWORT

Mein Freund, beim Abendmahl geht es nicht nur um Heilung. Es geht darum, sich auf den Herrn Jesus zu besinnen und die Fülle der Segnungen zu empfangen, die er dir durch seinen Tod am Kreuz schenken will. Lieber Freund, es gibt noch so viele weitere Vorzüge, von denen ich dir gern erzählen möchte, und ich bete, dass du mehr über das herausfinden wirst, was der Herr für dich bereithält.

Hier sind zwei ganz besondere Lehrmaterialien, in denen es darum geht, Gottes Heilung und Schutz durch das Abendmahl zu empfangen. Ich hoffe, du wirst sie dir zunutze machen. Du kannst sie auf gracetoday.de erwerben:

Gesund und heil durch das Abendmahl

Iss dich zu Leben und Gesundheit

Und wenn du durch die persönlichen Berichte in diesem Buch gesegnet wurdest, bin ich überzeugt, dass dich auch die vielen anderen Zeugnisse sehr ermutigen werden. Ich habe sie von Menschen erhalten, die das Abendmahl genommen und dabei die Heilung und den Schutz des Herrn erlebt haben. Gehe auf die Seite www.JosephPrince.de/Zeugnisse, um diese Berichte zu lesen. Ich bete, dass dein Herz beim Lesen mit Glauben erfüllt wird, der dich bei allem, was du brauchst, auf Jesus schauen lässt, wenn du das Abendmahl nimmst.

Möchtest du Jesus persönlich kennenlernen?

Wenn du alles, was Jesus für dich getan hat, empfangen willst und ihn zu deinem Herrn und Retter machen möchtest, dann sprich bitte folgendes Gebet:

Herr Jesus, danke, dass du mich liebst und für mich am Kreuz gestorben bist. Dein kostbares Blut reinigt mich von jeder Sünde. Du bist mein Herr und mein Retter, jetzt und für immer. Ich glaube, dass du von den Toten auferstanden bist und dass du heute lebst. Dank deines vollbrachten Werks bin ich jetzt ein geliebtes Kind Gottes, und der Himmel ist mein Zuhause. Danke, dass du mir ewiges Leben schenkst und mein Herz mit deinem Frieden und deiner Freude erfüllst. Amen.

Wir würden gern von dir hören

Wenn du das Gebet für deine Errettung gebetet hast oder uns nach dem Lesen dieses Buches gern dein Zeugnis erzählen möchtest, dann schreib uns bitte über **www.JosephPrince.de/Zeugnis.** Wir freuen uns, von dir zu hören!

Besonderer Dank

Besonderer Dank und Anerkennung gelten allen, die uns ihre Zeugnisse zugesandt haben. Bitte beachte, dass alle Zeugnisse in gutem Glauben erhalten und nur der Kürze und sprachlichen Flüssigkeit halber bearbeitet wurden. Die Namen der Verfasser wurden zum Schutz ihrer Privatsphäre geändert.

Bleibe mit Joseph in Kontakt

Über die folgenden Social-Media-Kanäle kannst du mit Joseph in Kontakt bleiben und täglich inspirierende Impulse (in englischer Sprache) erhalten:

Facebook.com/JosephPrince
X.com/JosephPrince
Youtube.com/@JosephPrince
Instagram: @JosephPrince

Kostenlose tägliche Andacht per E-Mail

Trage dich unter JosephPrince.de/Andachten in den Verteiler für Josephs kostenlose E-Mail-Andachten ein und erhalte kurze Botschaften, die dir helfen, in der Gnade zu wachsen.

Weitere Bücher von Joseph Prince

Setze Gottes Kraft frei
Von der Gebundenheit zum Durchbruch
Keine Angst mehr
Lass los und lebe
Gedanken für ein Leben des Loslassens
Das Eine, das zählt
Zur Herrschaft bestimmt – 365 Andachten
Hoffnung, die nie enttäuscht
Gib mir diesen Berg
Schluss mit negativen Gedanken
Jesus, mein bester Freund
Expedition Verheißenes Land
Gnadenzusagen für Mütter
Gnadenzusagen für Väter
Heilungszusagen
Versorgungszusagen
Das Gebet des Schutzes
Die Kraft des richtigen Glaubens
Geistliche Kampfführung

Mehr Informationen zu seinen Büchern und anderem inspirierenden Material findest du auf:

www.josephprince.de und www.gracetoday.de

Meine Gedanken

Denn ich bin der HERR, der dich heilt.

2. MOSE 15,26 ELB

Meine Gedanken

Er schickte ihnen sein befreiendes Wort
und heilte sie, er bewahrte sie
vor dem sicheren Tod.

PSALM 107,20 NGÜ